Helmut Köppe

Unter dem Zug in die Freiheit

Trachsel Verlag
Frutigen

ISBN 3 7271 0082 6

TELOS-Taschenbuch Nr. 361

Umschlag: E. Trachsel-Pauli, Frutigen

Satz: TVF Frutigen est
Druck: St.-Johannis-Druckerei C. Schweickhardt, Lahr-Dinglingen
Printed in Germany - 1983

Übersicht

Und es soll geschehen, wer des Herrn Namen anrufen wird, der soll errettet werden.

Joel 3, 5

Meine Flucht in die Freiheit!

Es ist mir ein ernstes Anliegen, daß durch die Zeilen, die über meine wunderbaren Errettungen berichten, die Kraft des Blutes Jesu Christi hochgepriesen werde und viele unsterbliche Seelen aus dem Machtbereich Satans befreit werden.

Am 7. April 1926 erblickte ich in Bingen am Rhein das Licht der Welt. Meine Eltern betrieben in diesem Städtchen eine Gastwirtschaft. Die ersten Lebensjahre verbrachte ich daher inmitten von Alkoholgeruch und Zigarettenrauch. Weil meine Eltern im Kirchenregister eingetragene Christen waren und es eben so Brauch war, wurde ich evangelisch getauft.

Mit 6 Jahren begann meine Schulzeit. Das Lernen, besonders das Lesen, bereitete mir anfänglich viel Mühe. Einmal bekam ich eine Bilderbibel geschenkt – und siehe da, damit erwachten in mir Freude und Interesse am Lesen. Besonders stark angesprochen haben mich die Geschichten über Jesus Christus, wie Er auf die Erde kam, wie Er lebte und was für Zeichen und Wunder Er tat. Wie haben mich die Berichte ergriffen, wo der Heiland Lahme, Blinde und Krüppel heilte und sogar Tote wieder lebendig machte. Ich erinnere mich heute noch ganz gut, daß ich damals gesagt habe:

„Wenn ich vor fast 2000 Jahren gelebt hätte, wäre ich dem Heiland auch nachgefolgt!"

Als ich dann aber Seine Leidensgeschichte las und eine Ahnung bekam, wie Er am Kreuz sterben mußte, war ich unwahrscheinlich erschüttert und betrübt. Ich litt geradezu furchtbare seelische Schmerzen, weil ich als kleiner Junge nicht begreifen konnte, warum der Sohn Gottes ans Kreuz genagelt wurde. Es brauchte 44 Jahre, bis ich zur Erkenntnis kam, daß der Herr wegen *meinen* Sünden und Unvollkommenheiten am Kreuz von Golgatha leiden und sterben mußte. Er ging diesen unsäglich schweren Weg, um mich mit Gott zu versöhnen.

Doch durch wieviel Not, Leiden und Irrwege mußte ich noch geführt werden, bis mein inneres Auge endlich Golgatha in seiner wahren Bedeutung erblicken konnte!

Der begeisterte Hitlerjunge

Meine Jugendzeit stand im Zeichen der politischen Gewaltherrschaft Adolf Hitlers. Schon als kleine Jungens von zehn Jahren wurden wir dazu mißbraucht, seine teuflisch inspirierten Pläne zu verwirklichen. Durch ideologische Zwangsschulung sollten wir zu einem bedingungslosen Gehorsam und Glauben an Adolf Hitler und dessen Ziele erzogen werden. Dieser vom Führer und seinem Machtapparat ausgehende suggestive Sog riß mich mit, und so wurde auch aus mir ein begeisterter Hitlerjunge.

Auf allen Gebieten wurden wir gefördert und bekamen schon als kleine Kinder, ohne es zu merken, vormilitärische Ausbildung. Mit 17 Jahren meldete ich mich freiwillig zur Waffen-SS. Das bedeutete für mich eine große Ehre, da uns jahrelang eingetrichtert wurde, es gebe nichts Höheres auf dieser Erde, als für Führer, Volk und Vaterland einzustehen.

Kurz vor meiner Einberufung zur Waffen-SS hätte ein Zwischenfall meine eitlen Pläne beinahe durchkreuzt. In einem Hafenlokal, in dem ich öfters verkehrte, kam ich in Verbindung zu einer internationalen Schieberbande. Es gelang diesen Leuten, mich betrunken zu machen. In diesem Zustand erpreßten sie mich dann, für sie Hehlerdienste zu tun. Hätte man mich dazumal verraten, so wäre ich in die Hände des Kriegsgerichts gefallen! – Doch es sollte nicht sein – dafür folgte nun der Einberufungsbefehl zur Waffen-SS.

In der Waffen-SS

Als ich mich in meiner Heimat von den Verwandten verabschiedete, sagte ich in meinem Begeisterungswahn:

„Ich komme nicht mehr nach Hause, bis ich das Ritterkreuz erworben habe!"

Natürlich erkannte ich damals nicht, daß diese Pläne lediglich Illusionen und eingeimpfte, unselbständige Denkweise waren. Doch Gott hatte einen anderen Plan mit mir. Er ließ mich nicht zu einem

Helden werden. Seine vorlaufende Gnade durfte ich schon während meiner Ausbildung in der Kaserne Nürnberg erfahren. Bereits hier bekam mein Hochmut die ersten Dämpfer.

Eines Tages, auf dem Weg zur Kantine, schaute ich mir mal das seltsame Gebäude etwas näher an, an dem ich täglich vorbeigehen mußte. Zu meinem Schrecken erkannte ich, daß es ein Konzentrationslager war. Es wurde scharf bewacht, und ich entdeckte Leute mit dem Davids-Stern, also Juden.

Soeben guckte einer durch ein Gitterfenster auf mich. Ich erschauerte, denn der Mann war fast nur noch ein Skelett. Diese Augen, die mich aus tiefen Höhlen anschauten, trafen mein Herz. Bis ins Innerste empört fragte ich mich, wie es möglich sei, daß Menschen so grausam gegeneinander sein könnten. Ich wurde diesen Blick nicht mehr los; und ich, der ich ausgezogen war, ein Held zu werden, fing an zu weinen und nach Gott zu rufen, Er möge mich doch vor einem Einsatz im Konzentrations-Kommando bewahren. Gott hatte mein Schreien gehört; es wurde mir eine andere Aufgabe übertragen.

Auf jene Zeit zurückblickend, darf ich heute sagen, daß sich von diesem Tage an mein Leben verändert hat. Obwohl ich aus dem Teufelskreis, in dem ich mich befand, bis zu dem wunderbaren Tag meiner Bekehrung nicht herauskam, so weiß ich, daß Gott mich doch schon dazumal suchte.

In jener Zeit gingen mir die Augen auf, und ich erkannte, mit welchen Mitteln man mir mein menschliches Denken und Fühlen vernichten wollte. Das ersehnte Ritterkreuz wurde mir immer kleiner; ja, ich lehnte mich schließlich innerlich gegen das Hitler-Regime auf und flehte stille zu Gott, Er möge mich aus dieser Misere heil herausbringen. So begeistert wie ich vorher war, so enttäuscht war ich jetzt.

Doch, am Weihnachtstag 1943 wurde ich als Siebzehneinhalbjähriger nach Russland transportiert. Im Fronteinsatz kam ich aber nie weiter nach vorn als bis zum Bataillonsgefechtsstand, und Gott lenkte es so, daß ich nicht einen Schuß abzugeben brauchte bis zur Kapitulation im Jahre 1945. Wie Tausende meiner Kameraden geriet ich hernach in russische Kriegsgefangenschaft. Ein solch tragisches Ende bedeutete eine furchtbare Enttäuschung für mich.

Gefangen

Da stand ich nun mit meinen 19 Jahren, von allen Angehörigen verlassen, in einem fremden Land und sah einer hoffnungslosen Zukunft entgegen. Mein ganzes Inneres lehnte sich auf. Während meines Abtransportes ins Gefangenenlager versuchte ich, über die Seehäfen Libau und Windau der Haft zu entfliehen, aber es gelang mir nicht.

Nachdem wir am 20. Mai 1945 in die Hände des Feindes gerieten, wurden wir bald darauf in Viehwagen nach Leningrad transportiert. Ich hatte den Wagen mit ungefähr hundert weiteren Leidensgenossen zu teilen. Die Fahrt dauerte qualvolle 14 Tage. Kein Speisewagen, keine Schlafgelegenheit, keine

Toiletten! Wohl nur zweimal erhielten wir etwas Nahrung, die aus gesalzenem Trockenfleisch bestand; und da es auch an Wasser gebrach, waren wir dem Verdursten nahe. Überall herrschte eine furchtbar verzweifelte Stimmung.

Am Ziel angekommen, wurden wir wie Vieh ausgeladen. Vor Erschöpfung konnten wir uns kaum vorwärts bewegen. Nun wurden wir in Lastkraftwagen hineingepfercht. Wie ein Bienenschwarm hingen wir daran. – Leningrad ist auf Sumpf gebaut und hat viele Kanäle und Brücken. Als wir unter einer solchen durchfuhren, erlebten wir ein Bombardement von Pflastersteinen. Die Einwohner von Leningrad hatten während der Belagerung durch die deutschen Truppen viele Leiden erdulden müssen; nun entlud sich ihr ganzer Haß auf uns. Ach, wenn die Menschen doch einmal aufhören könnten, den schrecklichen Haß immer wieder neu weiterzutragen!

Hinter Stacheldraht

Ein großer Platz im Freien, mit Stacheldraht umrahmt, sollte unsere neue Heimstätte sein. Kaum dort angekommen, ließ ich mich, gerade wo ich stand, hinfallen und schlief sofort ein. Beim Erwachen am nächsten Morgen stellte ich fest, daß mir ein Grab als Schlafstätte gedient hatte. Unser Lager befand sich nämlich auf einem ehemaligen Friedhof, der vermutlich noch aus der Zarenzeit stammte. Auch existierte dort noch eine schöne Friedhofskapelle, die nun als Lager und Magazin dienen mußte. Später hatte sie viele Tote aus unseren Reihen aufzunehmen, die durch den Hunger dahingerafft wurden.

Welch schlimme Leidenszeit lag nun vor mir! Wassersuppe und ein Stückchen Brot sollten während zweieinhalb Jahren meine einzige Nahrung sein – zuviel zum Sterben – zuwenig zum Leben. Da ich von Jugend auf einen starken, muskulösen Körperbau und breite Schultern hatte und gegenüber meinen andern Mitgefangenen kräftig aussah, wurde ich stets zu schwerster Arbeit herangezogen. Immer wieder mußte ich von meinen russischen Vorgesetzten die Worte hören:

„Molotoi krepki idi suda!" – „Junger, Starker, komm her!"

Ich wurde in diesen Jahren auf verschiedenen Arbeitsstellen eingesetzt. So galt es zum Beispiel, Steine zu schleppen, Last- und Eisenbahnwagen zu entladen, Trümmer zu beseitigen, Gräben für die erste Gasleitung auszuschachten. Dann arbeitete ich längere Zeit in der Kanonenfabrik Bolschewiki, die Schiffsgeschütze für die russische Marine herstellt. Später wurde ich in Kinkisep, außerhalb von Leningrad, einem Holzkommando zugeteilt. Ferner arbeitete ich in einer Ziegelei, einer Papierfabrik und einer Brauerei. Überall wartete mir schwerste Arbeit trotz ständig nagendem Hunger.

Ich fühlte mich als Zwanzigjähriger schon so gebrechlich, schwach und elend wie ein greiser Mann.

Ich dachte nur noch wie ein Tier, das nach Nahrung ausgeht und sich irgendwo etwas zu ergattern sucht. Mit ungefähr 4000 Gefangenen war das Lager anfänglich so überfüllt, daß wir uns förmlich eingepfercht vorkamen. Doch die Umstände sorgten dafür, daß die Reihen sich nach und nach lichteten. Viele starben an Hunger-Dystrophie, und andere wurden als Schwerkranke in ihre Heimat abtransportiert.

Auf Essenssuche

Schon zu Beginn meiner Gefangenschaft befaßte ich mich mit Fluchtplänen. Wo ich konnte, nahm ich Kontakt mit russischen Soldaten und Zivilpersonen auf, um ihre Sprache, Sitten und Gebräuche zu erlernen. Ich möchte nebenbei noch erwähnen, daß der Russe, abgesehen von einigen Ausnahmen, großmütig und großherzig ist. Trotzdem das russische Volk in den ersten Nachkriegsjahren selber zu wenig zu essen hatte, gab es etliche unter ihm, die das wenige mit uns teilten.

Da ich für die russische Sprache Interesse zeigte und diese auch schon recht gut verstand, wurde ich öfters von den Posten, die uns bewachten, zum Betteln und Stehlen beordert. Als Speise galt auch, sofern er zu erhaschen war, ein wenig Tabak; doch bewirkte er nur eine Betäubung des Hungers, nicht aber eine Stillung desselben.

So bestand meine Aüfgabe während meines Einsatzes in der Kanonenfabrik auch darin, in den Küchen der russischen Arbeiter Abfälle, wie zum Beispiel Kartoffelschalen, einzusammeln. Um letztere genießbar zu machen, kochte ich sie vor dem Essen. Es kam mitunter auch vor, daß mir eine gütige Frau, unter den Schalen versteckt, einige Kartoffeln mitgab. Diese kochte ich mit Vergnügen, zerdrückte sie mit den Händen und machte, unter Beimengung der Schalen, Kartoffelpuffer daraus.

Als ich einmal auf unserer Baustelle gerade damit beschäftigt war, auf einem Teerfaß, das ich mir zum „Kochherd" umgebaut hatte, Kartoffelpuffer zu backen, erschien ein russischer Oberst und bat um eine Kostprobe. Er lobte meine Kochkunst. Zu jener Zeit galten sogar für einen hohen Offizier Kartoffelschalen als Delikatesse!

Eines Tages kam ich wiederum in eine Küche, um Abfälle abzuholen. Ich stand ganz allein im Raum. Plötzlich war ich wie hypnotisiert durch einen Geruch, den ich schon lange nicht mehr gekannt hatte. Ich schlich mich an den Kochherd heran und sah einen 25-Liter Topf mit fertigem Gulasch. Ich weiß nicht mehr, wie es geschah, aber unvermittelt hob ich den heißen Topf vom Herd und schleppte ihn ungefähr einen Kilometer durchs Werk bis auf unsere Baustelle. Welch freudige Überraschung, welch ein Staunen! Alles wurde ehrlich unter die 11 Mann geteilt. Ein Mongole (Tatar) von ungefähr 21 Jahren erklärte mir, daß er so etwas Köstliches noch nie in seinem ganzen Leben gegessen habe.

Auf diese Weise habe ich mich während jener Jahre durchgeschlagen, immer versuchend, etwas zu „organisieren". Ich erinnere mich noch gut an ein großes Heringfaß, das als Abfalltonne für Schweine diente. Es stand im Treppenhaus einer Werksküche. Diese „Fundgrube" diente mir wochenlang als hauptsächlichste Nahrungsquelle.

Leiden!

Zu den Hungerqualen gesellte sich im Winter noch die fast unerträgliche Kälte. Zudem brachen Typhus- und Ruhrepidemien aus. Die meisten Gefangenen litten durch die Unterernährung an Furunkulose, Hautekzemen, Krätze und Flechten. Doch zum Hunger kamen noch andere Leiden. Wenn wir abends nach schwerer Arbeit und durch den ständig nagenden Hunger erschöpft auf die Pritsche fielen, konnten wir kaum schlafen. 20 Mann „parterre", 20 Mann im ersten Stock und 20 Mann im zweiten Stock der Pritsche suchten Nacht um Nacht nicht nur die Augen zu schließen, sondern durch echten Schlaf ihre müden Körper zu erquicken. Wanzen, Flöhe und Läuse sorgten aber dafür, daß wir stets wieder aufwachten. Wir wurden dadurch gezwungen, das Stroh aus unsern „Nestern" zu entfernen und uns direkt aufs Holz hinzulegen.

Ich dachte damals des öftern, daß ich bestimmt einmal in den Himmel kommen werde, da ich hier unten die Hölle bereits absolviert hätte. In jenen langen Nächten sann ich auch viel über mein späteres Leben nach und betete zu Gott, Er möge mich aus dieser Trübsalsnot erretten.

Abends besuchte ich jeweils noch Vorlesungen über Karl Marx und Engels und lernte damit den Kommunismus näher kennen. Der Grund, warum ich dorthin ging, lag jedoch darin, weil uns eine Konservendose voll Wassersuppe verabreicht wurde. Übrigens hätte ich zu jener Zeit noch vieles unternommen, um nur zu einem Stückchen Brot zu gelangen!

Es geschah auch immer wieder, daß ich mit Schlägen und Kolbenhieben auf den Kopf oder sonstwo auf den Leib traktiert wurde. Gott nahm mich in die Schule und zeigte mir, zu was allem ein Mensch fähig ist, wenn er in der Verblendung lebt und dem Gott dieser Erde dient.

So bitter diese Zeit der Gefangenschaft auch war, so möchte ich sie heute dennoch nicht missen, denn dort lernte ich, zu Gott zu schreien, und Er hat mich tatsächlich erhört. Schließlich ermutigt uns ja auch die Bibel: „Rufe mich an in der Not, so will ich dich erretten!" – Wie sich dieses Bibelwort bei mir bewahrheitet hat, möchte ich nun im nachfolgenden Bericht schildern.

Beten!

Im Frühjahr 1947 kam ich vom Hauptlager in Leningrad weg nach Kinkisep an der Newa, das in unmittelbarer Nähe der ehemaligen estischen Grenze liegt. Ich wurde dort einem Holzkommando zugeteilt. Unsere Aufgabe bestand darin, geflößtes Holz aus der Newa zu ziehen und in Güterwagen zu verladen.

Ich war kaum noch fähig zu gehen, geschweige denn zehn Stunden lang Holz zu schleppen. Fast täglich mußten wir mit ansehen, wie einige unserer Mitgefangenen vor Erschöpfung zusammenbrachen. Das bißchen Verpflegung, das uns zustand, verkauften die russischen Posten noch für Schnaps, so daß wir uns mit Brennesseln, Melde und Wurzeln ernähren mußten.

Den genauen Tag weiß ich nicht mehr; doch es war während meines Aufenthalts in Kinkisep, als ich auf einmal keinen Hunger mehr verspürte. Dieser unheimliche Zustand kann ungefähr verglichen werden mit demjenigen eines Erfrierenden, wenn er keine Kälte mehr empfindet. Ich merkte, daß es mit mir zu Ende ging. Die Bestätigung meiner Befürchtung wurde später durch Hirnpunktion nachgewiesen. Die Diagnose lautete: Hirnschwund infolge Dystrophie.

Wenn der menschliche Körper jahrelang keine genügende Nahrung mehr kriegt, zum Beispiel nur Wassersuppe, so findet ein kontinuierlicher Abbau der menschlichen Kraftreserven statt. Vorerst holt sich der Körper sämtliche Fett- und Eiweißvorräte aus den Muskeln, und kurz vor dem Hungertod zehrt er von den Eiweißbeständen des Gehirns. Dies war bei mir der Fall. Meine Leidensgenossen dachten: „Jetzt dreht er wohl durch", denn ich lief zu einem Baum und schrie:

„Lieber Gott im Himmel, warum kannst Du nicht machen, daß ich diese Baumrinde essen kann? Du hast doch die Juden 40 Jahre in der Wüste mit Manna ernährt! Warum lässest Du mich hier verhungern?"

Manna in der Wüste

Rückblickend erkenne ich ganz genau, daß Gott mein Schreien erhört und mir sogar „Manna" geschickt hat. Kurz nachdem ich an diesem Baum zu Gott geschrien hatte, tauchten im Waldgebiet auf einmal unheimlich viele Frösche auf. Plötzlich kam mir in den Sinn, daß mein Vater einmal erzählte, er habe als junger Mann in Frankreich in Hotels gearbeitet, und dort hätten Froschschenkel als Delikatesse gegolten. Kurz entschlossen machte ich mich sofort auf den Weg, besorgte mir ein Messer und fing an, Frösche zu fangen, spießte die Schenkel auf einen Draht und grillte sie über dem offenen Lagerfeuer.

Die russischen Posten und meine Mitgefangenen betitelten mich zuerst mit „Schwein"; aber in den nächsten Tagen gingen alle 100 Mann auf Froschjagd. In wunderbarer Weise hat Gott mir in äußerster Gefahr Frösche als Lebensretter geschickt.

Kürzlich habe ich mich mit einem Sachverständigen darüber unterhalten. Er bestätigte mir, daß die eiweißhaltigen Froschschenkel und Brennesseln, die ich in großen Mengen gegessen hatte, für mich die Rettung vor dem Hungertod bedeuteten. Wie Gott Sein Volk während der Wüstenwanderung, so hat Er auch mich mit „Manna" versorgt.

Skora damoi!

Auf diesem Holzkommando mußte ich ungefähr zwei Monate ausharren. Mir wartete jedoch im Hauptlager Leningrad, wohin ich wieder versetzt wurde, noch viel schlimmere Arbeit. In einer Ziegelei hatte ich aus den Brennöfen, die meistens noch nicht abgekühlt waren, Ziegel herauszufahren. Die russischen Aufseher trieben uns ständig zu vermehrtem Einsatz an mit den Worten: „Dawei, dawei!" – „Schnell, schnell!" Diese Arbeit brachte mich nun endgültig dem Ende entgegen.

Eines Tages sahen die Vorgesetzten, daß ich die Beine nicht mehr nebeneinander bewegen konnte, da sie dick voll Wasser waren. Auch war es mir unmöglich, nachts liegend zu schlafen, weil das Wasser sonst das Herz erreicht hätte. Ich wurde dann per Schiff unter Bewachung zur russischen Lager-Ärztin geführt. Diagnose: Hunger-Dystrophie im dritten Grad. Sie eröffnete mir: „Skora damoi!", das heißt: „Bald nach Hause!"

Ich kam dann in ein Lazarett, wurde entlaust, neu eingekleidet und einem Heimkehrertransport zugeteilt. Drei Tage vor dem Abtransport hatten wir noch vor drei NKPD-Offizieren zu erscheinen.

Wegen meiner Tätowierung unter dem Arm stellten sie dann fest, daß ich ein Angehöriger der Waffen-SS war und sagten auf russisch, ich käme nicht nach Hause, ich solle in Rußland „verrecken".

Ich kann es mit Worten gar nicht schildern, wie mir zumute war, als sie mir die sauberen Kleider, die ich für den Heimtransport gefaßt hatte, wieder abnahmen und mir alte, verlauste, russische Klamotten hinschmissen. Ich war seelisch und körperlich so am Ende, daß ich von diesem Tage an bis zu meiner Bekehrung einen unaussprechlichen Haß gegen alle Menschen hegte. Aber vom Moment an, da der Friede Gottes später in mein Herz einzog, entwich aller Haß, und heute kann ich auch für meine größten Feinde beten.

Sofort wurde ich nun wieder auf ein Arbeitskommando geschickt, und zwar an die großartige Schukowskistraße, mitten in der Stadt Leningrad. Hier baute man die erste Gasleitung der Stadt. Ich mußte erneut schwere Arbeit verrichten, nämlich Gräben ausschachten. Nun hatte ich ja genauen Bescheid, was die Russen mit mir vorhatten! Ein deutscher Arzt informierte mich, daß – wenn ich nicht bald in Behandlung käme und richtig zu essen erhielte – ich so innerhalb kurzer Zeit eine Leiche sei.

Flucht

In meiner verzweifelten Lage, wohlwissend, daß ich rein nichts mehr zu verlieren hatte, wagte ich, trotz menschlich gesprochener Aussichtslosigkeit, zu flüchten. Mein Ziel war natürlich meine Heimat, von der mich aber ungefähr 3000 km trennten. Nach diesem Entschluß erfaßte mich im ersten Moment eine furchtbare Angst; aber kaum war ich einige Schritte auf der Flucht, verließ mich alle Furcht, und sie kam keine einzige Sekunde mehr zurück, bis ich meine Vaterstadt Bingen am Rhein erreichte.

Mein ganzes Sein verfiel nun in einen Zustand, den ich kaum schildern kann. Meine Beine bewegten sich, ohne daß ich sie spürte. Ich hatte gewissermaßen das Gefühl eines schwerelosen Zustandes. Interessanterweise darf ich aus menschlicher Sicht die Zeit meiner Flucht zu der schönsten zählen, die ich bisher erlebt habe. Menschliche Ketten waren durchbrochen, ich befand mich auf dem Weg zur Freiheit! Ein Gedanke war während der Flucht mein ständiger Begleiter:

„Der Mensch ist frei, ist frei – und wäre er gar in Ketten geboren!"

In Leningrad schmachteten Tausende von deutschen Gefangenen. Man sprach von großen Sicherheitsvorkehrungen der Russen, unter anderem von sieben Sperrgürteln innerhalb und um Leningrad. Es sollte sich als gut erweisen, daß ich mich für die russische Sprache und Mentalität interessierte sowie eine alte, russische Uniform trug.

Als ich erkannte, daß die Flucht die einzige, wenn auch verschwindend kleine Hoffnung des Lebens war, handelte ich doch nicht überstürzt. Ich hielt mich auf Kinderspielplätzen und in Parkanlagen auf, freute mich an der Freiheit und an den Müttern mit ihren Kindern. Ich kann mich noch gut erinnern, wie ein kleines Mädchen mal ein Stück Gebackenes in den Sand fallen ließ und ich es dann auflas und mit Begierde verschlang.

Ich hatte keinen genauen Fluchtplan, sondern dachte an den Versuch, zum Leningrader Hafen zu kommen und eventuell über Finnland zu flüchten. Und siehe da, es gelang mir, den Hafen zu erreichen, ohne daß ich behelligt wurde. Was mich hier aber stark beschäftigte, waren die vielen deutschen Gefangenen, die Schiffe auszuladen hatten. Zudem wimmelte das ganze Hafengebiet von Wachtposten. Ein Deutscher, der mich für einen Russen hielt, nahte sich mir und bettelte um eine Zigarette. Das war für mich ein guter Beweis, daß ich wie ein echter Russe aussah.

Angesichts der ganzen Situation hatte ich starke Bedenken, daß ich illegal per Schiff flüchten könnte, und so verzichtete ich darauf. Wie ich später erfahren habe, hat Finnland die geflüchteten Gefangenen wieder nach Russland ausgeliefert; vor diesem schlimmen Schicksal wurde ich bewahrt.

Unter dem Zug

Ich machte mich nun auf den Weg, die Bahnlinie ausfindig zu machen, die durch die ehemaligen baltischen Staaten Estland, Lettland und Litauen in Richtung Polen ging. Wie war ich froh, daß Gott mir von Natur aus einen guten Orientierungssinn geschenkt hat. Als ich während meiner Gefangenschaft einmal auf dem höchsten Gebäude Leningrads, dem Haus der roten Armee, Aufräumungsarbeiten auf dem Dach machte, prägte ich mir das Stadtbild sowie die Bahnlinie genau ein. Dank dessen konnte ich nun den Vorstadtbahnhof von Leningrad, Krassni-Selow, auffinden.

Bei den russischen Bahnen war es zu jener Zeit üblich, daß, wer kein Geld und keinen Ausweis hatte, auf dem Dach, auf dem Trittbrett oder unter dem Zug auf Bremsgestängen oder Batteriekästen mitfuhr. Auf einen Zug wartend, mischte ich mich unter die Bevölkerung. Mit einer Oma fing ich ein Gespräch an. Ich fragte sie, wohin sie fahre. Auch bot ich ihr meine Dienste an, da sie zwei Säcke mit Gemüse bei sich hatte. Der Zug Richtung Estland fuhr ein, und Oma und ich ergatterten uns einen Platz auf dem Trittbrett.

Nebenan saßen zwei Taubstumme, die sich mit Fingersprache unterhielten. Es dürften wohl flüchtende, deutsche Kriegsgefangene gewesen sein, die sich taubstumm stellten. Auf jedem Bahnhof mußten wir unseren Platz verlassen und bei Abfahrt des Zuges wieder aufspringen. Ich hielt dann nach einer etwas geeigneteren Mitfahrmethode Ausschau und wurde dabei etlicher Mitfahrer gewahr, die unter den Zug krochen; als ich einen freien Platz auf einem Batteriekasten entdeckte, schloß ich mich ihnen an.

Hier konnte ich nun zum ersten Mal seit meiner

Fluchtergreifung ein wenig schlafen. Das wunderbare Gefühl, unter einem Eisenbahnwagen in die Freiheit zu fahren, half wohl dazu bei. Als ich erwachte, spürte ich meine Knochen kaum mehr; ein schrecklicher Hunger quälte mich, was mich veranlaßte, Gott anzuflehen, Er möge mich doch nicht jetzt gerade unter dem Zug verhungern lassen. Und siehe da, beim nächsten Zugshalt lag ein ganzes Brot zwischen den Schienen. Welch eine Freude! Sogleich aß ich den ganzen Laib und war wohl das erste Mal seit Jahren wieder einmal satt.

Mein Aufenthalt unter dem Wagen machte mir unheimlich Mühe. Ich entschloß mich, auf dem nächsten Bahnhof abzusteigen und später wieder weiterzufahren. Die Zwischenzeit benutzte ich dazu, mir auf den Feldern Nahrung zu beschaffen. Ich kam mir vor, als lebte ich im Paradies. Ich tat mich gütlich an den Früchten der Felder, wie zum Beispiel an Möhren, sämtlichen Kohlarten, Weißkraut und Äpfeln.

Unbewußt ist an mir das Jesuswort in Erfüllung gegangen, wo Er von den Vögeln sagt:

„Sie säen nicht, sie ernten nicht, sie sammeln nicht in Scheunen; und euer himmlischer Vater nährt sie doch."

Meinen Durst stillte ich mit Wasser aus den Bächen. Tagsüber schlief ich im Wald oder in einzelnstehenden Feldscheunen. Wenn ich einmal einen abgelegenen Hof erblickte, legte ich mich stundenlang auf die Lauer und beobachtete, wer ein- und ausging. War es für mich günstig, das heißt, wenn nur einzelne ältere Leute den Hof bewohnten, so wagte ich es, zu ihnen zu gehen, ließ mich bewirten, meinen Rucksack füllen und zog dann meine Straße weiter.

Ich bewegte mich hauptsächlich des Nachts, stets durch Wälder gehend und die Straße meidend. Durch die Sterne ließ ich mir die Richtung zeigen. Die Deichsel des großen Wagens wies mir den Weg in Richtung Heimat, „Marschzahl 42".

Der Lokheizer!

Es gelang mir nach einiger Zeit, mit der Eisenbahn weiter nach Wilna zu fahren – die meiste Zeit unter dem Wagen. Ich erinnere mich noch gut an eine Begebenheit in dieser Stadt, die mir wiederum bestätigt hat, wie geistesgegenwärtig man sein muß, wenn man sich auf der Flucht befindet!

Plötzlich sah ich mich zwei bewaffneten Posten gegenüber, die von mir einen Ausweis verlangten. Sekundenschnell überlegte ich; dann fing ich auf russisch an zu schimpfen wie ein Rohrspatz: „Seit wann braucht man auf der Arbeit einen Ausweis?" und weiter über eine solche Frechheit aufbegehrend, schritt ich einfach auf die Lokomotive zu. Die Beamten waren so überrascht von meiner Selbstsicherheit, daß sie glaubten, ich wäre der Lokheizer, und ließen mich in Ruhe. Auf der Lokomotive angekommen, traktierte mich der Heizer mit der Schaufel. Ich sprang dann auf der entgegengesetzten Seite ab und entkam so den Augen der Hüter. – Wenn ich zu jener Zeit auch noch keine Bekehrung, keine Wiedergeburt erlebt hatte und somit kein Kind Gottes war, so darf ich doch heute staunend zurückblikken, wie der Herr in dieser und vielen ähnlichen Situationen Seine bewahrende Hand so wunderbar über mir gehalten hat.

Ich blieb in der Hauptstadt Litauens, Wilna – übrigens eine sehr schöne Stadt –, einen Tag lang. Als Nahrung konnte ich einige weggeworfene Apfelreste ergattern, doch zuwenig, um meinen Hunger zu stillen. Mit welchem Verlangen schaute ich die ausgestellten Waren der Bäckereien und Metzgereien an! Dabei hatte ich das Gefühl, mein Magen drehe sich vor Hunger von innen nach außen.

Hier traf ich mit ostpreußischen Flüchtlingen aus Königsberg zusammen. Sie gaben mir Instruktionen, die für mich von großer Wichtigkeit waren. Sie rieten mir, nicht durch das russisch besetzte Ostpreußen zu gehen, sondern durch das polnisch besetzte Gebiet. Von Allenstein aus würden Flüchtlingstransporte mit ostpreußischen Zivilisten nach der DDR organisiert. Diesen Rat befolgend, machte ich mich auf und marschierte Richtung Schierstockey/Marianpool, der polnischen Grenze entgegen.

Unterwegs in einem Waldstück belauschte ich eine Frau mit zwei kleinen Kindern; sie sprach deutsch. Ich ging zu ihr und erfuhr, daß sie auch in Richtung Allenstein über die polnische Grenze flüchten wollte. Ihr Mann war nach englischer Gefangenschaft im Ruhrgebiet in der Bundesrepublik geblieben, wo er eine gute Existenz hatte. Ich schloß mich ihr an und nahm links und rechts ein Kind an die Hand.

Übrigens sah ich nicht mehr wie ein Flüchtling aus. Es gelang mir, andere Kleider zu beschaffen, und meine Haare waren so gewachsen, daß ich einen Scheitel kämmen konnte. In der Gefangenschaft wurden wir nämlich alle vier Wochen kahlgeschoren.

Wenn Posten uns fragten, wohin wir wollten, sagte die Frau, wir suchten Bauernhöfe auf, um Lebensmittel zu betteln. Sie befahlen uns dann etwa, daß wir in entgegengesetzter Richtung zur Grenze laufen sollten, was wir auch taten. Aber sobald die Grenzwächter außer Sicht waren, liefen wir wieder der Grenze zu.

Wenn ich so bettelnd mit den beiden Kindern die Bauernhöfe aufsuchte, bekamen wir gewöhnlich etwas zu essen. Es kam aber auch vor, daß sie den Hund auf uns hetzten. Nachts schliefen wir in Scheunen. Je näher wir zur Grenze kamen, desto gefährlicher wurde die Situation. In der Nacht hörten wir Schüsse und Detonationen. Angst bemächtigte sich der Frau und ihrer Kinder.

Eines Tages begegneten wir einer anderen Frau mit Kindern. Sie erklärte uns, es sei unmöglich, über die Grenze zu kommen, da sie stark vermint und überaus gut bewacht sei. Alle 100 Meter habe es hohe Wachttürme, dazu auch noch Stolperdrähte. Nach diesem Bericht gab meine Begleiterin ihr Vorhaben auf, mit mir nach Polen zu entkommen. Die Nachricht, daß schon etliche Kinder auf Minen gelaufen seien und dabei den Tod gefunden hätten, bestärkte sie noch in ihrem Entschluß, das Wagnis aufzugeben. Ich half dieser Frau noch die Rucksäcke „voll-betteln", soviel sie schleppen konnte, worauf sie wieder ihren Rückweg nach Königsberg, wo sie wohnte, antrat. Königsberg ist heute russisch und heißt Kaliningrad.

Über die Grenze

Ich trieb mich noch einige Tage im Grenzgebiet herum. Eines Tages bettelte ich wiederum bei einem Bauern, der etwa zwei Kilometer von der Grenze entfernt wohnte. Er erkundigte sich, woher ich käme. Ich belog ihn, indem ich sagte, ich sei ein heimatloser Junge aus Königsberg. Damals war ich gerade 22 Jahre alt. Der Bauer machte mir das Angebot, bei ihm zu bleiben und für das tägliche Essen zu arbeiten. Gerne nahm ich diesen Vorschlag an.

Da der Bauernhof nahe der Grenze lag, schlich ich mich des Nachts dorthin, um Beobachtungen zu machen und einen günstigen Platz für meinen Sturmlauf nach Polen herauszufinden. Um das minenverseuchte Gebiet genauer zu rekognoszieren, blieb ich einige Wochen bei diesem Bauern. Ich fuhr ihm mit den Pferden Mist auf die Felder und zettete denselben. Auch verrichtete ich alle übrigen Arbeiten, die einem Knecht auf einem Bauernhof zukommen.

Allerdings war ich bei der Arbeit nicht so tüchtig wie beim Essen! Die Bauersleute staunten nur so, was ich alles hinunterzudrücken vermochte. Bei jedem Mittag- oder Abendessen nahm ich ein Stück Brot unter dem Hemd mit und versteckte es dann in meinem Rucksack in der Scheune, um für die kommenden Tage der Flucht gewappnet zu sein. Schließlich schickte mich der Bauer wegen mangelnder Arbeitsleistung fort!

Eines Tages, früh in der Dämmerung, stand ich vor der Grenze und rief zu Gott: „Lieber Gott, hilf mir, steh mir bei", dann sprang ich unter einem hohen Wachtturm durch das Minenfeld. Ich rannte so lange, bis ich in einem Gebüsch erschöpft zusammenbrach. Ich war gerettet! Preis und Ehre und Lob und Dank sei Gott dafür, daß Er mich so wunderbar bewahrt hat!

Und wieder gefangen!

Nun befand ich mich in Polen und lief, gegen meine sonstige Gewohnheit und Vorsicht, bei Tag in eine Stadt, einem Vorort von Suwalki. Auf dem Marktplatz war ein Bazar. Da wollte ich mir Zigaretten gegen Speck eintauschen. – Ich war damals noch stark ans Rauchen gebunden. Erst als ich Jesus Christus als meinen persönlichen Erlöser und Erretter erlebte, fiel auch dieses Laster von mir ab. – Ich konnte wohl sehr gut russisch sprechen, doch mit polnisch haperte es. Deswegen mußte ich den Kontrollorganen aufgefallen sein, denn auf einmal wurde ich von der Polizei festgenommen.

Nun sollte ich nochmals kennenlernen, was es heißt, Spießruten zu laufen. Die Bevölkerung spuckte mich an, schlug mich, bewarf mich mit Steinen und betitelte mich mit häßlichen Schimpfworten. Auf dem Polizeiposten hatten sie Not gehabt, mich überhaupt noch einigermaßen heil in das Gefängnis zu bringen, welches in einem Keller lag. Und das alles nur, weil ich ein Deutscher war. Dieses Erlebnis trug natürlich dazu bei, daß mein Haß allen Menschen gegenüber sich nur noch vergrößerte.

Am nächsten Tag ging's weiter ins Militärgefängnis nach Suwalki. Dort wurde ich von den polnischen Staatssicherheitsbeamten verhört und so gefoltert und mißhandelt, daß ich sogar preisgab, daß ich ein geflüchteter Kriegsgefangener aus einem Leningrader Lager sei.

Ich war so enttäuscht, und die Lage sah so unmöglich aus, daß ich alle Hoffnung aufgab, je noch lebend nach Hause zu kommen. Des Nachts machten die betrunkenen Gefängniswärter mit uns Schikanen, die ich hier nicht beschreiben kann. Nach ungefähr dreiwöchigem Aufenthalt hörte ich, wie der Gefängnisdirektor zu einem Wachtposten sagte:

„Übermorgen werden die zwei Deutschen an die Russen nach Bialystok ausgeliefert."

Das Loch im Zaun

Ich hatte in dieser Zeit in der Gefängnisküche, die sich im Keller befand, Hering- und Sauerkrautfässer sauber zu machen. Ich entdeckte von dort aus, daß der Holzzaun, der mit hohem Stacheldraht versehen war, in einer Ecke nicht ganz dicht war. Ich zeigte das auch meinem deutschen Mitgefangenen. In unserer verzweifelten Lage entschlossen wir uns kurzerhand, durch dieses Loch in die Freiheit zu flüchten.

Ich rannte wieder einmal bis zu meiner Erschöpfung um mein Leben. Welch Glück, daß nicht weit weg vom Gefängnis ein Wald war, dem ich entgegenstrebte. Dort angelangt, gingen im Gefängnis die Sirenen los!

Nun paßte ich aber gewaltig auf, daß ich die wiedergewonnene Freiheit nicht noch einmal verlor. Von nun an marschierte ich nur des Nachts, immer im Schutz dichter Wälder, auf das ersehnte Ostpreußen zu.

Eines Tages hatte ich mich unter einem Heuhaufen zum Schlafen niedergelegt. Plötzlich erschien der Bauer und fing an, Heu auf einen Karren zu laden. Als ich darob erwachte, krabbelte ich schleunigst unter dem Haufen hervor. Ich erinnere mich noch sehr lebhaft, wie sich das Gesicht des Mannes schlagartig weiß verfärbte, als er meiner gewahr wurde. Ich ermutigte ihn, keine Angst zu haben, ich sei nur ein hilfloser Gefangener auf der Flucht. Er wurde dann ziemlich zutraulich. Ich erkundigte mich, wie weit es noch zur deutschen Grenze sei. „Nur noch einen Kilometer", erklärte er mir. Welch eine Freude! Er wünschte mir viel Glück zu meinem weiten Weg nach dem Rheinland.

Das Gelübde

Als ich die deutsche Grenze passierte, sah ich die ehemaligen Grenzpfähle umgeschlagen. Eigentlich befand ich mich zwar noch in Polen, da dies polnisch besetztes Gebiet war. Ich sank vor Freude in die Knie, nahm zwei Hände voll Erde und weinte wie ein Kind, daß es mir gelungen war, bis hierher zu gelangen. Dann legte ich vor Gott das Gelübde ab, daß, sollte ich gut nach Hause kommen, ich von Herzen Ihm leben wolle.

Ich befand mich nun im Gebiet der Masurischen Seen, zwischen Lyck und Treuburg. Nach wie vor lief ich nur des Nachts und ernährte mich vom Betteln und „Organisieren".

Von Lyck wagte ich, nach altgewohnter Weise wieder unter einem Personenzug bis nach Allenstein zu fahren – eine Strecke von ungefähr 150 Kilometern. Doch dieses Mal mußte ich meinen Kopf und die Füße hinter der Achse auf den Bremsschlitten festbinden, da die deutschen Wagen keine Batteriekästen zur Lichterzeugung hatten, sondern Dynamos.

Als ich in dieser Stellung unter dem Wagen lag, mußte ich mit Schrecken feststellen, daß ich mich viel zu nahe bei der Lokomotive befand; denn in regelmäßigen Abständen flog mir Asche ins Gesicht und an den ganzen Körper, so daß ich mit vielen Brandzeichen in Allenstein ankam. Dort lag ich wohl gegen eine Stunde bewegungslos neben den Schienen, bis ich wieder einigermaßen gehen konnte. Sobald wie möglich schlich ich mich vom Bahngelände weg.

Es war um die Morgenzeit, als die Leute unterwegs zur Arbeit waren. Ich sprach einen Mann an, der wie ein typischer Ostpreuße aussah – und es auch war. Ich schilderte ihm meine schwierige Lage, und er war gewillt, mir zu helfen. Er beschrieb mir sein Haus und sagte, ich solle warten, bis er zurückkomme, dann werde er mir weitere Informationen geben.

Als ich in sein Haus trat, war seine Frau gerade dabei, die Kinder für die Schule anzuziehen. Diese erschraken und schrieen laut aus Angst vor mir, denn ich war ja ganz schwarz und verbrannt – eine schreckensvolle Gestalt. Erst nachdem ich mich einigermaßen sauber waschen konnte und wieder wie ein „normaler" Mensch aussah, wich ihre Furcht allmählich vor mir.

Der polnische Wagenmeister!

Ich trank mit ihnen Kaffee und marschierte bald, ausgerüstet mit einem Hammer und einer Ölkanne, auf das Bahnhofgelände. Es war gut, daß ich nicht gewartet hatte, bis der Mann nach Hause zurückgekehrt war, denn als ich auf dem Bahnhof ankam, stand dort ein Zug bereit, bestehend aus zirka 50 Güterwagen mit ostpreußischen Flüchtlingen, hauptsächlich Großmüttern, Großvätern, Frauen und Kindern. Der Flüchtlingstransport stand auf einem Abstellgleis, daneben waren drei bis vier andere Güterwagen abgestellt.

Wie froh war ich, daß ich nun einen Arbeitsanzug besaß, mit einem Hammer und einer Ölkanne ausgerüstet war, denn jetzt spielte ich den Schauspieler im wahrsten Sinne des Wortes. Ich gab mich als polnischer Wagenmeister aus und schritt siegesbewußt auf den Flüchtlingstransport zu, der streng mit polnischem Militär bewacht war. Ich kontrollierte die Öleinfüllstellen an den Achsen (damals wurden die Räder noch von außen mit Öl geschmiert) sowie die Bremsen. Zugleich fing ich sofort ein Gespräch mit einem beinamputierten, ostpreußischen Mann an. Die Flüchtlinge befanden sich während dieser Zeit außerhalb der Wagen, um Essen und Kaffee zu empfangen.

Dieser Mann ging dann zu seinen Leuten und sprach mit ihnen. Ich hörte genau zu, was er ihnen sagte. Ich merkte, daß sie ängstlich wurden und sich sträubten, mich mitzunehmen. Aber auch hier sandte Gott mir Hilfe in der Gestalt einer Lehrerin, obwohl ich Ihn damals noch nicht als meinen persönlichen Herrn und Erretter kannte. Diese tadelte die Frauen und sprach zu ihnen:

„Ihr scheinheiligen Leute! Täglich seid ihr am Jammern und Beten, und wenn euer Nächster in Not ist, laßt ihr ihn lieber umkommen. Ich sage euch, den geflüchteten Gefangenen nehmen wir mit!"

Gesagt – getan, und ruck-zuck war ich im Wagen drin, wo mich meine gute Lehrerin hinter dem Gepäck versteckte. Nun befand ich mich wieder einmal in einem Viehwagen, aber ich war glücklich und froh, daß Gott mir diese gütige und mutige Frau, eine Frau der Tat, geschickt hatte. – Gottes Wege sind wunderbar!

Nun danket alle Gott!

Unsere Fahrt durch Polen dauerte ungefähr zwei Wochen. Die Lehrerin lieh mir während dieser Zeit den Anzug ihres Mannes aus. Jeder Reisende hatte eine von den polnischen Behörden abgestempelte Nummer an den Anzug zu hängen. Auch in dieser Sache hatte Gott wieder vorgesorgt, denn eine Rotkreuzschwester wurde zum Dienst in den Krankenwagen berufen, und ich erhielt ihre Nummer 28. Nun brauchte ich mich nicht mehr zu verstecken und konnte ungehindert auch zum Fassen des Essens gehen und während der Zugshalte aussteigen, um die Beine zu strecken.

In Sorau, an der ostdeutschen Grenze, hatten wir einen längeren Aufenthalt, während welchem alle Passagiere von den Grenzbehörden genau untersucht wurden. Da ich ja keine Ausweispapiere besaß, versteckte ich mich im Gebüsch und ging zwischendurch in einem Weiher schwimmen. Die kleinen Kinder brachten mir Verpflegung, bis die „Luft rein war", das heißt, bis die Übergabe-Formalitäten abgeschlossen waren. Als der Transport freigegeben wurde, riefen mich die Kinder, und es gelang mir, von den Beamten unbemerkt, in den Wagen zu gelangen. Nur noch wenige Kilometer trennten uns von dem heimatlichen Boden!

Bei der Überfahrt vom polnischen ins deutsche Gebiet erscholl der Gesang von vielen hundert Menschen: „Nun danket alle Gott!" So etwas Erhebendes hatte ich bisher noch selten erlebt. Die Fahrt ging in Richtung Thorgau, Sachsen. Dort angelangt, landeten wir in einem Flüchtlingslager. Hier kam ich illegalerweise in den Besitz eines ostpreußischen Flüchtlingspasses. O wie manches geschah während meines langen Fluchtweges illegal! – Nun, endlich hatte ich wieder einen Personalausweis; ich war ein freier Mann!

Ich wußte, daß unweit von hier ein Onkel wohnte, der eine Gärtnerei betrieb. Ich konnte Kontakt mit ihm aufnehmen, und er war gerne bereit, mich zu sich zu nehmen. Während der Wochen, die ich in seiner Familie verbringen durfte, waren diese Leute sehr um mich besorgt. Sie fütterten mich so richtig auf, so daß man mir bald die überstandenen schlimmen Hungerjahre nicht mehr ansah.

Im Hundeabteil

Nun stellte sich aber eine neue Schwierigkeit ein. Der Flüchtlingspaß genügte nicht, um in die amerikanische Zone einzureisen. Ich konnte mir, wiederum illegal, Ausweispapiere beschaffen, die ich dann auf meinen Namen abänderte. Es gelang mir auch tatsächlich, mit diesen gefälschten Papieren bei Meiningen in Tann an der Röhn über die Zonen-Grenze zu kommen.

Von dort aus fuhr ich mit einem Güterzug bis Frankfurt am Main. Ich brauchte dieses Mal nicht unter den Wagenkasten zu kriechen, sondern konnte singend in einem Bremserhäuschen meiner Vaterstadt entgegenfahren.

In Frankfurt benötigte man wiederum einen Passierschein, um in die französisch besetzte Zone zu gelangen. Dieses Dokument hatte ich nun ja auch wieder nicht, doch nahm mich ein meinem Vater bekannter Zugführer im Hundeabteil des Gepäckwagens mit.

Heimat

Endlich, einige Wochen vor Weihnachten 1947, erreichte ich mein lang ersehntes Ziel! Doch es war nicht wieder die Stadt, die ich vor einigen Jahren verlassen hatte; durch mörderische Bomben war sie größtenteils zu Ruinen verwandelt worden. Auch herrschte immer noch Hungersnot. Schieber trieben ihr Unwesen, die Unmoral grassierte, und ich war ziemlich enttäuscht zu sehen, was vom deutschen Herrenmenschentum noch übriggeblieben war.

Gleich am ersten Sonntag nach meiner Heimkehr ging ich in die Kirche, wo ich getauft und konfirmiert worden war, um mein Gelübde wahr zu machen und Gott zu danken, daß Er mich so wunderbar vor dem Hungertod errettet und aus dem entfernten Rußland herausgeführt hatte. Die Kirche kam mir aber sehr öde und leer vor – ich fand keinen Zugang und keine Verbindung zu Gott. Es beschlich mich ein Gefühl, das dem ähnlich ist, wenn man telefonieren möchte und keine Verbindung erhält. Heute weiß ich, weshalb ich dort keine bekommen konnte: Weil mein Herz durch keine echte Botschaft des Evangeliums erfaßt wurde, weil sich bei mir weder Sündenerkenntnis noch Reue, Bußfertigkeit und auch keine Bereitschaft zum Sündenbekenntnis fand. Somit bestand überhaupt keine intakte Leitung zur Kommunikation mit Gott.

Was heißt „stehlen"?

Ich hatte mancherlei Schwierigkeiten zu überwinden, um wieder ins bürgerliche Leben zurückzufinden. Besonders zu schaffen machte mir der Umstand, daß ich mich jahrelang mit „Organisieren" durchgebracht hatte. Ich kannte keine Begriffe mehr für persönliches Eigentum. Das Wort „stehlen" war mir völlig fremd, es hieß in unsern Kreisen einfach „organisieren".

So entbrannte in mir der Kampf ums Dasein. Da ich keine ordnungsgemäße Entlassungspapiere besaß, mußte ich mich sofort nach Arbeit umsehen. Meinem Gesundheitszustand entsprechend hätte ich allerdings in eine Klinik gehört. Zum Arbeiten war ich viel zu schwach; und doch hieß es, durchzuhalten.

Ich versuchte, bei der Bundesbahn unterzukommen. Aber nach einigen Tagen mußte mich mein Vorgesetzter wieder entlassen, da ich vor lauter Schwäche kaum Arbeit verrichten konnte. Dann versuchte ich es auf verschiedenen andern Arbeitsstellen. Überall schickte man mich jedoch wegen Mangel an Arbeitsleistung wieder weg.

In dieser Zeit fing ich an zu resignieren, und ich hatte auch bald mein Gelübde vergessen. Kurz darauf kam ich wieder mit ehemaligen Bekannten zusammen, fing an, Feste zu feiern und Vergnügungen nachzugehen, sooft sich dazu Gelegenheit bot. Trotzdem blieb in meinem Herzen ein innerliches Schreien nach Frieden und Freiheit.

In dieser kritischen Zeit meines Lebens lernte ich meine Frau kennen. Nach über 30jähriger Ehe muß ich sagen, daß sie manchen Sturm mit mir erlebt hat. Dennoch ist sie durch dick und dünn unentwegt zu mir gestanden und hat so zu unserem Eheglück sehr viel beigetragen. Gott hat sich auch hierin herrlich an mir erwiesen, bevor ich Sein Eigentum geworden bin. Ihm sei Lob und Dank dafür.

„Versiegelt"

In dem für mich neuen Lebensabschnitt sollte ich auch einen weiteren Kampf kennenlernen, nämlich denjenigen gegen den geistigen Tod. Meine Frau und ihre Angehörigen gehörten einem menschenfreundlichen, frommen Verein an. Es gelang ihnen, daß auch ich mich für diese Sache zu interessieren begann und mich ihnen anschloß. Anfänglich gefiel es mir noch gut. Später stellte ich dann fest, daß ihre ganze Religion nur frommes Getue war.

Die Vorsteher dieser Gemeinde behaupteten von sich, daß sie lebende Apostel und somit die legitimen Nachfolger von Jesus Christus seien. Ich wurde von einem solchen „Apostel" durch Handauflegung „versiegelt". Angeblich sollte ich dadurch den Heiligen Geist empfangen haben und eine neue Kreatur geworden sein. Und doch konnten mir diese Menschen niemals den Weg zu Jesus zeigen, geschweige denn den Heiligen Geist spenden. Sie hatten ja an sich selbst nicht erlebt, was es heißt, durch Jesus Christus vom ewigen Tod errettet, dem Fürsten dieser Welt entrissen und von allen Sünden und Gebundenheiten frei zu sein.

Ich lehnte mich in der Folge gegen die angebliche Apostellehre auf, besonders gegen das Dogma, welches der leitende Apostel aufstellte:

„Nur wer daran glaubt, daß Christus die ‚kleine Herde' zu meiner, des Apostels, Lebzeit heimführt, wird selig werden!"

Zudem gab's in dieser Gemeinschaft auch noch Spaltungen. Ich befand mich in einer geistigen Verwirrung und wußte nicht mehr, was ich machen sollte. Dadurch, daß ich die Echtheit dieser Lehre anzweifelte, wurde ich als Abgefallener und als das „schwarze Schaf" in der Familie betrachtet. Und tatsächlich, es ging mit mir innerlich rückwärts anstatt vorwärts.

In jener Zeit hatte ich eine Anstellung im Bergbau als Schlosser. Wir durften auch in einer schönen Betriebswohnung leben. Aber wie immer konnte ich gesundheitlich nicht durchhalten und mußte die Arbeit aufgeben. Damit erhielt ich auch die Kündigung der Wohnung, was mich zusätzlich in große Not brachte.

Ein starker Widerwille bemächtigte sich meiner gegen die ganze sogenannte christliche Gesellschaftsordnung. In diesem Groll trat ich in Verbindung mit Kommunisten. Meine finanzielle Not einerseits und die ständige „Bohrerei" der Neuapostolischen andererseits veranlaßten mich, einen Schritt zu tun, den ich bald bereuen sollte. Ich ließ alles stehen und liegen und siedelte mit meiner Frau und den zwei Kindern in die DDR über.

In diesem kommunistisch regierten Teil Deutschlands wurde ich selbstverständlich großzügig gefördert und arbeitete in einem volkseigenen Betrieb als Fernfahrer. Ich wurde Mitglied in der GST (Gesellschaft für Sport und Technik) sowie der Betriebskampfgruppe. An festlichen Anläßen trug ich die rote Fahne – doch in meinem Herzen blieb es öd und leer. Immer noch sehnte ich mich nach Frieden und Freiheit, ja ich hungerte und dürstete nach etwas, was ich gar nicht erklären und beschreiben konnte.

Drei Jahre verbrachten wir in der Ostzone. Während dieser Zeit mußte ich lernen, daß der vielgerühmte Sozialismus nicht die richtige Lebensform ist, geschweige denn, daß der Mensch dabei zu innerem Frieden kommt. Ich erkannte dieses System als rein menschliches Stückwerk.

Meine kommunistische Hochstimmung schmolz zusammen – und kurz vor dem Mauerbau in Berlin flüchteten wir aus der DDR. Da ich ein routinierter Überwinder von Hindernissen war, gelang die Flucht gut!

Endlich „Chef"!

Wieder in meiner Heimatstadt angelangt, kannte ich nur noch ein Ziel, nämlich so schnell wie möglich reich zu werden und einen großen Namen zu bekommen. Fromme Sprüche und frommes Geschwätz bedeuteten für mich ein rotes Tuch. „Selbst ist der Mann" hieß meine Parole. Mit viel Fleiß und Energie baute ich mir eine eigene Existenz auf: Eine Tankstelle mit einem Abschleppdienst. Zudem wurde ich Vertragshändler einer Autofirma.

Endlich war ich meines Erachtens „der Mann". Es gelang mir alles sehr gut, das Geschäft blühte auf. Mein „liebstes Kind" war der Abschleppwagen, denn damit konnte ich vielen Menschen aus ihrer Not helfen. Ich war entschlossen, mir die Seligkeit jetzt selber zu erkaufen und nannte mich gern: „Engel der Landstraße".

Nun, das war so richtig mein Fall, und obwohl ich ein ganz kleiner Unternehmer war, hörte ich gern, wenn ich als „Chef" angesprochen wurde, und liebte es, zu den „Großen" zu gehören.

Doch „der Mensch denkt, und Gott lenkt!" Mitten in meinem Geschäftsaufschwung traten plötzlich ernsthafte Gesundheitsstörungen auf. Die Ärzte konnten keine richtige Diagnose stellen trotz wochenlangem Aufenthalt in Krankenhäusern. Das unsichere Gebäude meiner Selbstsicherheit geriet durch das Eingreifen des, der alles lenkt, ins Wanken. Die Geschäftspartner holten bei den Ärzten Auskunft über mich ein. Auf die Antwort „bedenklich krank" hin ließen sie mich einfach fallen und „drehten mir den Hals ab".

Von nun an fristete ich ein Leben als kranker Mann, voller Haß im Herzen. Ich erkannte noch nicht, daß die suchende Liebe Gottes an mir arbeitete.

Endlich konnte durch eine Hirnpunktion festgestellt werden, daß durch die erlittene Hunger-Dystrophie ein schwerer, organischer Hirnschaden entstanden sei. Auf Grund dieses Befundes wurde ich als Schwerkriegsgeschädigter eingestuft, und schließlich erhielt ich nach etlichem Kämpfen eine Rente zugesprochen.

In dieser Zeit flüsterte mir Satan, der heuchlerische Feind der Menschen, ein: „Mit dir ist nichts mehr los, mach doch Schluß mit deinem Leben!" Aber Gott ließ es nicht zu; Er hatte Geduld mit mir. Ich traute mich nun kaum mehr unter die Menschen und saß während Monaten fast täglich in der Stille der Natur am Wasser und angelte. Diese vielen Mußestunden bewirkten in mir, daß ich anfing, die Schöpfung zu bewundern.

Im Schwarzwald

Da das Klima in meiner Heimat meiner Gesundheit nicht zuträglich war, siedelten wir auf Anraten der Ärzte in den Schwarzwald um. Aber auch hier wurde ich anfänglich von Enttäuschungen ergriffen, denn selbst der Schwarzwald mit seiner guten, reinen Luft brachte meinen schweren Leiden keine Erleichterung. Auch die Leere in meinem Herzen und das Verzweifeltsein verschlimmerten sich. Zudem wurde ich noch falsch, hinterlistig und jähzornig. Meine Familie hatte mit mir oftmals Schweres durchzumachen.

Als ich von einer Kur wegen Unverträglichkeit der ärztlich verordneten Anwendungen frühzeitig nach Hause geschickt wurde, war es ganz schlimm mit mir. Mein Lebensmut stand nur noch auf Sparflamme, und wieder raunte mir der Feind ins Ohr: „Hör doch jetzt auf, mit dir ist doch nichts mehr los!" Aber wie froh und glücklich bin ich, daß Gott ein Gott der Liebe ist und nicht will, daß jemand verlorengehe.

Eines Tages, als es wiederum sehr schlimm mit mir war, ging ich hinaus in den Wald und kam an eine Stelle, die genauso aussah wie in Rußland, wo ich zu Gott geschrieen hatte. Plötzlich begegnete ich einem Bauern mit seiner Frau, die Holz zurüsteten. Wir kamen ins Gespräch. Sie verwunderten sich, daß bei solch unfreundlichem Wetter und hohem Schnee noch jemand spazierengehe.

Ich merkte recht bald, daß ich es mit sogenannten „Stündelern" zu tun hatte und dachte:

„Jetzt bist du nicht einmal im Wald sicher vor diesen ‚Nur Frommen'", und so frug ich den Mann, welchem frommen Verein er denn angehöre. Er gab mir zur Antwort:

„Ich habe den persönlichen Auftrag, Menschen zu *Jesus* zu führen und nicht zu einem frommen Verein!"

Er nahm mich mit in sein Haus. An einer Wand sah ich einen Spruch hängen mit den Worten: „Jesus lebt!" Wie ein Blitzstrahl wurde mein Herz dadurch getroffen. Doch wie sollte ich dies verstehen? Schlicht erklärte der Mann:

„Jesus lebt in meinem Herzen! Jesus hat mich frei gemacht von allen Sünden, Gebundenheiten und Leidenschaften!"

Er erzählte mir auch noch, daß er sein Leben in Ordnung gebracht und das Gestohlene zurückgegeben habe. So etwas war für mich ganz unbegreiflich, denn ich hatte ja keine Sündenerkenntnis.

Von diesem Moment an besuchte ich diese Familie des öftern; ich war durch ihre aufrichtige Art angesprochen. Dieser gläubige Mann scheute keine Mühe noch Zeit, mir das Wort vom Kreuz lieb zu machen. Wochen- und monatelang hörte ich nun vom Heil in Christus – nicht in der Kirche, sondern im Kuh- oder Pferdestall.

Eines Tages fragte mich der Mann, was ich denn überhaupt glaube. Ich gab zur Antwort, daß ich von den Menschen enttäuscht sei und nur noch an Jesus glaube.

Er bejahte meine Stellungnahme, erklärte mir aber, daß allein an Jesus zu glauben ungenügend sei; man müsse sich auch zu Ihm bekehren.

Von da an verfolgte mich das Wort „Bekehrung" Tag und Nacht. Zuerst begriff ich gar nicht, was damit gemeint ist. – Und schon meldete sich auch der Feind wieder und flüsterte mir zu: „Geh doch da nicht mehr hin, es nützt ja nichts."

Das Schweizer-Zelt

Eines Tages machte mich jener Christ darauf aufmerksam, daß in Pforzheim ein Missionszelt aus der Schweiz aufgestellt werde; er lade mich ein, mit ihm dort hinzufahren. Ich willigte ein und besuchte darauf die Versammlungen in diesem Zelt während etwa einer Woche. Ich spitzte die Ohren gut und suchte, ob ich nicht etwas fände, was wieder nach „frommem Verein" aussähe. Besonders wartete ich immer, daß um Geld gebettelt würde – doch vergeblich.

Innerlich war ich in den ersten Tagen überhaupt nicht angesprochen. Eines Abends jedoch, als der Evangelist zu rufen anfing: „Weder die Hurer, weder die Ehebrecher, weder die Säufer, weder die Lügner werden ins Himmelreich kommen", trafen mich diese Worte, und ich war erstaunt über eine solche Rede. Noch nie in meinem Leben hatte ich so etwas gehört.

Der Evangelist begann dann, regelrecht für Jesus zu werben; es war wie ein Liebeswerben. Noch heute sehe ich diesen Evangelisten, ein baumlanger Mann, wie er auf der Zeltkanzel gestanden ist und in die Menge hineingeschmettert hat:

„Komm doch heute zu Jesus! – Du wirst es nie bereuen!"

Dies wäre der Moment gewesen, wo ich hätte aufstehen und nach vorne gehen sollen, um mich zu Jesus zu bekehren. Es ist mir aber heute klar, daß es wiederum der Fürst dieser Welt gewesen ist, der mich zurückgehalten hat. Er raunte mir zu:

„Wenn es sonst für jeden Menschen Rettung gibt, für dich ist das ausgeschlossen."

So verstrich die Zeit der Evangelisation ohne eine Entscheidung meinerseits. Ich dachte mir, daß nun jener gläubige Bruder wohl nicht mehr nach mir fragen werde; aber gerade das Gegenteil war der Fall. Er nahm sich mir weiterhin mit großer Geduld an.

In der Zwischenzeit las ich die Biographie des Gründers des Evangelischen Brüdervereins, Fritz Berger. Der Inhalt gab mir viel zu denken. Besonders freute ich mich darüber, daß ein Gottesmann so offen und frei schreibt, daß auch er ein verlorener, gebundener Sünder gewesen sei, den aber der Heiland aus dem Elend herausgeholt und gerecht gemacht habe.

Wenn ich früher noch nichts von Geistesmächten gemerkt oder gefühlt hatte, so sollte ich nun in der Zeit, da ich den Ruf Gottes im Zelt deutlich vernommen hatte, etwas davon erkennen. Bis zu meiner Übergabe an Jesus machte sich der Feind gewaltig auf, um mich von einer allfälligen Umkehr abzubringen. Ich glaube, das war sein größter Fehler, den er machte, daß er sich so fest um mich bemühte, denn ausgerechnet dabei wurde ich auf seine List aufmerksam.

Das große Erlebnis in Adelboden

Im Herbst erhielt ich von unserem gläubigen Bauersmann eine Einladung, mit ihm an einem Bibelkurs in Adelboden, Schweiz, teilzunehmen. Ich akzeptierte. Nach einer abwechslungsreichen Fahrt durch die vielgestaltige Schweiz erreichten wir im Berner Oberland wohlbehalten diesen schönen Berg-Kurort.

Dort fanden wir ein schmuckes Gotteshaus vor, in dem der Bibelkurs stattfinden sollte. Aber, o Schreck, schon am ersten Tag wollte ich davonlaufen; ich merkte deutlich an den strahlenden und befreiten Gesichtern dieser Teilnehmer, daß ich da nicht hineinpaßte. Zudem machte sich der Feind wieder furchtbar gegen mich auf und traktierte mich aufs Äußerste. Doch ich blieb.

Am zweiten Tag wirkte der Geist Gottes so mächtig an mir, daß ich mich von ganzem Herzen zu Jesus Christus, meinem Heiland und Erlöser, bekehrte. Es kostete mich viel, niederzuknien; der Feind wollte mich mit Ketten und Stricken davor zurückhalten. Doch hier durfte ich erfahren, daß Gott größer und stärker ist denn alle teuflischen Mächte.

Meine Worte reichen nicht aus, um zu schildern, welch eine Last von mir wich, als ich die Worte aus dem Munde des Evangelisten vernahm:

„Und wenn deine Sünden auch purpurrot gewesen sind, so sind sie nun nicht mehr auf dir, du bist rein gewaschen durch das Blut Jesu Christi."

Ich danke an dieser Stelle den Brüdern, die mir den Weg zur Buße und Bekehrung zeigten, so daß ich wahren Frieden finden konnte im Opfer Jesu Christi.

Seit diesem Erlebnis, seit meiner Wiedergeburt, sind nun schon einige Jahre verstrichen. Gott hat mich in Seiner unendlichen Gnade und Tragkraft auf dem schmalen Weg zur Herrlichkeit erhalten, und ich darf bezeugen, daß erst ein Leben mit Jesus lebenswert ist.

Du sollst leben!

Rückblickend auf mein Leben möchte ich die Bibelstelle aus Hesekiel 16, 4-6 zitieren, die den Zustand meiner Vergangenheit in ein sehr treffendes Licht rückt:

„Mit deiner Geburt war es also: Am Tage, da du geboren wurdest, ist deine Nabelschnur nicht abgeschnitten worden; du bist auch nicht im Wasser gebadet worden zu deiner Reinigung; man hat dich weder mit Salz gerieben, noch in Windeln eingewickelt.

Niemandes Auge hat Mitleid mit dir gehabt, daß er dir etwas Derartiges erwiesen und sich über dich erbarmt hätte, sondern du wurdest auf das Feld hinausgeworfen, so verachtet war dein Leben am Tage deiner Geburt.

Da ging ich an dir vorüber und sah dich in deinem Blute zappeln und sprach zu dir, als du in deinem Blute dalagst: *Du sollst leben! Ja, zu dir in deinem Blute sprach ich: Du sollst leben!*"

Wie war ich doch schon als kleiner Junge oft so traurig und hatte ein inneres, tiefes Sehnen im Herzen nach wahrem Frieden und wahrer Freiheit. Ich kannte aber den Weg zur Erlangung dieses hohen Zieles nicht. Später befand ich mich in der gleichen Situation, die der Apostel Paulus in Römer 7, 19 schildert:

„Denn das Gute, das ich will, das tue ich nicht, sondern das Böse, das ich nicht will, das tue ich."

Ich stand wie unter einem Bann, und niemand war da, der mich auf die einzige Möglichkeit der Errettung, Jesus Christus, aufmerksam machte. Oh, hätte ich doch damals schon die Botschaft von der Erlösungstat unseres Heilandes vernommen, mein Leben hätte wohl einen anderen Verlauf genommen.

Doch Gott in Seiner unendlichen Liebe ist mir zu allen Zeiten meines Lebens nachgegangen und – o Wunder der Gnade – nicht vergeblich! Gottes suchende Liebe wirkte so lange an mir, bis ich kapitulierte und willig war, mein eigenes Ich in den Tod zu geben. Das war nun die Stellung, in der mir Gott durch das Erlösungswerk Christi Seinen Geist schenken konnte. Die Überzeugung, daß ich nun ein Gotteskind sein durfte, wurde mir durch die Bibelstelle Epheser 1, 7 geschenkt, wo es heißt:

„An welchem wir haben die Erlösung durch Sein Blut, die Vergebung der Sünden, nach dem Reichtum Seiner Gnade."

Nun wußte ich auch, daß mein Name im Buch des Lebens eingetragen ist.

Leben – endlich echtes Leben!

Nach all meinen äußeren Erlebnissen, aber auch nach dem Ringen um inneren Frieden kann ich kaum in Worte fassen, was es für mich bedeutet, daß ich nun den wahren Inhalt des Lebens, ja das Leben selbst gefunden habe: *Jesus!* Mein bisheriges Dasein ist im Vergleich dazu nur ein Vegetieren gewesen; erst jetzt beginne ich, richtig zu leben.

Durch den Ungehorsam und Sündenfall Adams kam der Tod über die Menschheit, und durch den zweiten Adam, Jesus, kam das Leben zu uns. Bewirkte die Sünde die Trennung von Gott, so bewirkte das Opfer Jesu die Wiedervereinigung mit Gott.

Um aber wieder in die wunderbare Gemeinschaft mit Gott zu kommen, muß ein jeder Mensch persönlich erlebt haben, daß sein adamitisches, sündiges Wesen mit Christus am Kreuz in den Tod gegeben worden ist. Das bedingt aufrichtige Buße und Bekehrung. Das eigene Ich mit seinen Wünschen und Vorstellungen muß entthront werden! Ein solcher Mensch empfängt nun *das Leben,* die Geburt aus dem Geist.

Gott sei ewig gedankt, daß auch ich dieses Wunder der Wiedergeburt habe erleben dürfen und nun weiß: „Ist jemand in Christus, so ist er eine neue Kreatur; das Alte ist vergangen, siehe, es ist *alles neu geworden!"* 2. Korinther 5, 17.

Schon 12 Jahre darf ich nun auf diesem gebahnten Weg Jesus nachfolgen. „Seine Fußtapfen triefen von Fett! Mauern und Wehre sind Heil!" Psalm 65, 12; Jesaja 26, 1. – Ich freue mich ganz herzlich, daß in unseren Versammlungen der Sieg Jesu und die Macht des Blutes Jesu immer wieder neu gelobt und gepriesen werden.

Es ist mir ein herzliches Anliegen, daß die biblischen Wahrheiten, die Gott dem Gründer des Evangelischen Brüdervereins, Fritz Berger, in besonderer Weise geoffenbart hat, nämlich das Leben in jenem unerschöpflichen Vermögen, welches Jesus uns erworben hat und die damit im Zusammenhang stehenden „Ist", „Hat" und „Haben", nicht verlorengehen.

Immer wieder, wenn ich während meines Glaubenslebens in Not, Krankheitsanfechtungen oder sonstige Schwierigkeiten geraten bin, hat mir das herausgeholfen, *was Jesus für mich getan hat.* Stets, wenn ich meine *Hoffnung ganz auf die Gnade* abstellte, von mir wegschaute und mich vergewisserte, daß ich ein Eigentum des Siegers von Golgatha, unseres herrlichen, wunderbaren Heilandes bin, durfte ich neu Errettung und Erquickung erfahren.

„Dem Gerechten muß das Licht immer wieder aufgehen und Freude den frommen Herzen. Ihr Gerechten, freuet euch des Herrn und danket Ihm und preiset Seine Heiligkeit!" Psalm 97, 11.12.

Das Geschenk der Freiheit durch Jesus

Nach meinem hievor in aller Kürze berichteten Zeugnis möchte ich gerne noch einige Begebenheiten erwähnen, die für manchen Leser zur Hilfe und zum Segen werden dürften. Der Herr schenke es!

Gotteskind und Sünder zugleich?

Wieder einmal mußten wir unseren Wohnort wechseln. Schon bald entdeckten wir, daß eine gläubige Frau in unserer Nachbarschaft wohnte. Ihre und unsere Freude darüber war groß. So kam es, daß wir bei Gesprächen auch unsere Erfahrungen, die wir mit Jesus gemacht hatten, gegenseitig austauschten.

Diese liebe Glaubensschwester merkte, daß ich immer wieder vom Vermögen, das uns in Christus Jesus geschenkt ist, sprach: Von den „Ist", „Hat" und „Haben", vom „Sein" und nicht vom „Werden". Bei ihr dagegen dominierte oft ein gewisses „Armsünderlied":

„Da ist nicht der gerecht sei, auch nicht einer. – Wir sind allzumal Sünder und mangeln des Ruhmes, den wir bei Gott haben sollten." (Übrigens ist dieses eine verbreitete Verdrehung des Wortes Gottes. Paulus spricht dort in Römer 3 von noch unerretteten Menschen und sagt von solchen: „*Sie* sind allzumal Sünder und mangeln des Ruhmes, den *sie* bei

Gott haben sollten!") Sie meinte weiter: „Paulus hatte doch auch einen Pfahl im Fleisch!" Immer wieder hob sie das scheinbar Negative aus der Bibel hervor, anstatt vom Vermögen zu leben.

Leider ist dies eine allgemein verbreitete „Krankheit" unter den Christen. Das Wort Gottes lehrt uns, daß der Glaube aus der Predigt kommt (siehe Römer 10, 17). Aber leider gibt es viele Prediger, die den blinden Blindenleitern gleich sind, ja, die es sogar fertigbringen, liebe Gläubige mit ihrer unbiblischen Gesetzespredigt zu fangen und ihnen das große Vermögen, das Jesus uns doch erworben hat, vorzuenthalten.

Nun, die genannte Glaubensschwester besuchte uns immer wieder und fragte: „Wo haben Sie denn solch wunderbare Worte her?" Wir öffneten dann die Bibel und zeigten ihr diese kostbaren Schätze, wie zum Beispiel folgende Worte:

„Danksaget dem Vater, der uns tüchtig gemacht *hat* zu dem Erbteil der Heiligen im Licht; welcher uns errettet *hat* von der Obrigkeit der Finsternis und *hat* uns versetzt in das Reich Seines lieben Sohnes, an welchem wir *haben* die Erlösung durch Sein Blut, die Vergebung der Sünden" Kolosser 1, 12-14.

„Und euch, die ihr vormals Fremde und Feinde *waret* durch die Vernunft in bösen Werken, *hat* Er nun versöhnt mit dem Leibe Seines Fleisches durch den Tod, auf daß Er euch darstellte heilig und unsträflich und ohne Tadel vor Ihm selbst" Kolosser 1, 21-22.

„So gibt es nun keine Verdammnis für die, die in

Christo Jesu *sind;* die nicht nach dem Fleisch wandeln, sondern nach dem Geist" Römer 8, 1.

„Christus ist des Gesetzes Ende; wer an den glaubt, der *ist* gerecht" Römer 10, 4.

„Welcher unsre Sünden selbst hinaufgetragen *hat* an Seinem Leibe auf das Holz, auf daß wir, der Sünde abgestorben, der Gerechtigkeit leben; durch welches Wunden ihr *seid* heil geworden" 1. Petrus 2, 24.

„Reiche müssen darben und hungern; aber die auf den Herrn harren, haben *keinen Mangel* an irgendeinem Gut" Psalm 34, 11.

Unsere liebe Nachbarin bekam nach und nach mehr Hunger nach dem köstlichen Vermögen, das im Evangelium enthalten ist. Ich schenkte ihr das Buch „Von der überschwenglichen Gnade Gottes in meinem Leben" von Fritz Berger. Nach einiger Zeit berichtete sie voller Freude, sie lese ihre Bibel nun ganz anders als vorher und finde jetzt darin auch überall das göttliche Vermögen.

Einmal besuchte ich ihre Versammlung. Zu Beginn wurde ein Lied gesungen mit dem Refrain: „Ich bin so sündig, Dein Geist hat mir gesagt, ich bin so sündig, dein Geist hat es mir gesagt." In diese Worte konnte ich nicht miteinstimmen, denn Gottes Geist hatte mir etwas anderes gesagt – nämlich, daß ich durch das Blut Jesu von allen Sünden *frei* gemacht sei. Enttäuscht verließ ich den Versammlungssaal. Diese Stunde hatte dann noch ihre Folgen. Von da an flüsterte mir der Feind und Widersacher Gottes in die Ohren:

„Siehst du, siehst du, das sind doch liebe fromme Menschen, denen du nicht einmal das Wasser reichen kannst; die sind während ihrem ganzen Leben brav gewesen, und du bildest dir ein, daß dich Jesus von der Macht der Sünde befreit habe, daß du kein Sündenknecht mehr seist, sondern ein Erlöster. Das gibt es doch nicht."

Ich geriet in große Not, die ungefähr zwei Wochen andauerte. Immer wieder verfolgte mich dieses Lied, bis ich es eines Tages, während eines Spazierganges im Wald, umdichtete. Von nun an sang ich: „Ich *war* so sündig, doch *Jesus hat mich frei gemacht,* halleluja!"

Lieber Leser, ich bitte dich, ruhe und raste nicht, bis auch du in dieses erquickende Lied einstimmen kannst. Auch du bist aus der Knechtschaft der Sünde zur Freiheit berufen!

Ich bin der Herr, dein Arzt

Es ist mein Gebet, daß der himmlische Vater zum Schreiben und zum Lesen dieser Zeilen viel Gnade schenken möge durch Seinen Geist.

Nachdem ich nun von der wunderbaren Befreiung und Errettung von der Macht der Sünde einiges geschrieben habe, möchte ich noch auf eine weitere göttliche Verheißung kommen. Wir lesen in Jakobus 5, 14.15:

„Ist jemand krank, der rufe zu sich die Ältesten von der Gemeinde, daß sie über ihm beten und ihn salben mit Öl in dem Namen des Herrn. Und das

Gebet des Glaubens wird dem Kranken helfen, und der Herr wird ihn aufrichten; und so er Sünden hat getan, werden sie ihm vergeben sein."

Wie bereits erwähnt, bin ich seit meinem 40. Lebensjahr Kriegsinvalider. Im Gehorsam und im Glauben an obiges Wort habe ich einige Male im Sinne des eben erwähnten Bibelwortes mit mir beten lassen. Auch die Worte in Jesaja 53, 4.5: „Fürwahr, Er trug unsere Krankheit und lud auf sich unsere Schmerzen. – Die Strafe liegt auf Ihm, auf daß wir Frieden hätten; und durch Seine Wunden sind wir geheilt" zählen zu den ersten, die ich fest liebgewonnen und auch kindlich geglaubt habe. Aber immer wieder kam es nicht zum verheißenen Durchbruch, und Zweifel wollten mir weismachen, daß es für mich überhaupt keine Hilfe mehr gebe.

Doch Gott läßt sich erbitten und hört auf das Schreien der Gerechten. Ich begann vorerst mit einer gründlichen Untersuchung meiner selbst, um herauszubekommen, was einer Heilung nach dem Leib hindernd im Wege stehen könnte. Ich grübelte auch an meiner Vergangenheit herum, ob da nicht noch alte „Baumstöcke" seien, die noch gerodet werden müßten. Schließlich wurde ich ob all dem Suchen und Forschen schwermütig. Eigentlich nicht zu verwundern, denn wenn nach 2. Korinther 5, 17 das Alte vergangen und alles neu geworden ist, so tun wir uns keinen gottgewollten Dienst, wenn wir dann trotzdem immer wieder in der Vergangenheit herumgrübeln.

Dafür machte ich aber eines Tages eine andere

Entdeckung: Ich war durch das Einnehmen der ärztlich verordneten Medikamente süchtig geworden!

Während jener Zeit begab es sich, daß ich mit einem Bruder Hausbesuche machte. Dabei fiel mir auf, daß fast in jedem Haus, wo wir auf große Ablehnung dem Evangelium und dem Namen Jesu Christi gegenüber stießen, die gleichen Medikamente vorhanden waren, die auch ich einnehmen mußte. Und das, was die Mittel bei mir bewirkten, nämlich eine Veränderung der Psyche, das stellte ich auch bei Leuten in diesen Häusern fest.

Als ich den Bruder auf diese Dinge aufmerksam machte, meinte er: „Vielleicht sind wir hier auf eine besondere Taktik des Fürsten dieser Welt hingewiesen worden." – Wie vermögen doch solch kleine Tabletten eine so kolossale Bindung zu vollbringen! Ich muß übrigens noch erwähnen, daß alle andern Medikamente bei mir kaum etwas ausrichteten.

Wieder einmal schüttete ich in meiner großen, inneren Not mein Herz einem Seelsorger aus. Wir beteten zusammen inbrünstig um eine Lösung und Befreiung von dieser elenden Medikamentenabhängigkeit. Dabei mußte ich einen furchtbaren Angriff teuflischer Mächte erleben, so, daß auch der Bruder von einer großen Angst befallen wurde. Und immer noch erlebte ich die gewünschte Errettung nicht.

Wo ich auch hinkam, sei es ins Kur- oder Krankenhaus oder auch in die Apotheke, sagten mir die betreffenden Leute, ich befände mich in einem Teufelskreis. Nun wurde ich aber alarmiert: „Ich, ein Gotteskind, befinde mich in einem Teufelskreis!"

Das klagte ich meinem himmlischen Vater: „Willst Du haben, daß Dein Kind sich im Banne des Teufels befindet und nicht mehr den Sieg Jesu verkündigen kann?"

Nun blieb ich in beständigem Flehen, wie es die Witwe beim ungerechten Richter tat, bis Gott mit Seiner Hilfe eingriff. Preis sei dem Herrn! Er hat die Hilferufe Seines Kindes erhört und mich, wie ich dieses hienach noch näher beschreibe, völlig frei gemacht.

Meine liebe Frau war mir in jener Zeit eine große Hilfe. Sie konnte mir besonders gut Mut machen. Einige Jahre mußte sie ihr Leben im Liegestuhl zubringen, da sie nicht mehr gehen konnte. Nun durfte sie kurz zuvor durch den Herrn völlig geheilt werden.

Nun, nachdem meine Frau und ich eines Tages auf die Knie gingen, sagte ich zu meinem himmlischen Vater:

„Ab heute will ich keine Tabletten mehr einnehmen; komme ich um, so komme ich um!"

Ich weiß, daß in dieser besonderen Notzeit etliche Gläubige für mich in der Fürbitte fest eingestanden sind. Der Kampf dauerte aber noch monatelang, aber ich wußte, daß Jesus, der Sieger, bei mir war. Ich durfte erfahren, was der Liederdichter sagt:

„Und steht Jesus mitten innen,
bin ich aus dem Krieg;
denn schon lange hat mein Jesus
mir erkämpft den Sieg."

Sobald ich keine Tabletten mehr konsumierte, stellten sich Entzugserscheinungen ein, ähnlich derjenigen der Rauschgiftsüchtigen. Der besiegte Feind ging immer noch umher wie ein brüllender Löwe und wollte mich überwinden. Aber heute darf ich bezeugen, daß ich den völligen Sieg Jesu habe erleben dürfen und vollkommen frei bin von dieser jahrelangen Sucht.

Ich las später eine wissenschaftliche Abhandlung von einem gläubigen Professor aus der Schweiz, daß der Entzug von Barbituraten wegen Hirnschlaggefahr, Epilepsie oder sogar Todesfolge gefährlicher sei als der Entzug von Rauschgift. Daher sollte dieser Entzug nur in einem Krankenhaus gemacht werden.

Oh, wie hat sich Jesus auch bei mir bewiesen als: Rat, Kraft, Held, Ewigvater, Friedefürst!

Und die Tätowierung?

Einige Zeit nach meiner Wiedergeburt erkannte ich, daß es Gott nicht wohlgefällig ist, wenn man ein Zeichen am Körper trägt. Ich hatte aber eine Tätowierung der Waffen-SS unter dem linken Oberarm. Ich zögerte vorerst, etwas dagegen zu unternehmen; aber mein Gewissen ließ mir keine Ruhe.

Nach ungefähr einem Jahr wurde ich von einem Ekzem befallen. Der Arzt wies mich in eine Hautklinik ein. Nun erinnerte mich das Gewissen wieder an meine Tätowierung, und ich wußte, daß ich am richtigen Ort war, um dieser Sache loszuwerden.

Ich stellte mich der Aufnahmeärztin vor, zeigte ihr mein Hautleiden und teilte ihr meinen Wunsch mit, die Tätowierung entfernen zu lassen.

Die liebe Ärztin konnte ihr Entfremden darüber nicht verbergen. Sie hielt mich für einen Überspannten und hatte viele Argumente gegen diesen Eingriff. Sie wollte von mir wissen, ob ich überhaupt genügend Geld hätte, denn diese Operation müßte ich selber bezahlen, und fragte mich nach meinem Beruf. „Invalider" bekam sie zur Antwort. Ihr Erstaunen war groß.

Ich erkundigte mich dann nach den Kosten für die Operation. Dabei dachte ich an ein Wort, das ich einmal mitbekommen hatte: „Gibt der liebe Gott das Häschen, so gibt er auch das Gräschen!" Das nahm ich gerade für mich und dachte: „Wenn Gott es haben will, daß die Tätowierung entfernt wird, so gibt Er auch das Geld dazu!"

Beim Weggehen rief mich die Ärztin zurück und fragte, ob ich mich bei einem Professor und seinen Studenten vorstellen wolle, dafür kriege ich 5 Mark Spesen. Ich sagte zu, und – der Herr sei gepriesen dafür – ich hatte schon eine kleine Anzahlung!

Einige Stunden später wurde ich dem Professor und den Studenten vorgestellt. Die Aufnahmeärztin argumentierte sehr mit dem Professor über mich und mein Anliegen wegen der Tätowierung. Sie erwähnte auch, ich sei Kriegsinvalider und würde die Operation kaum bezahlen können. Der Professor erklärte dann:

„Ich weiß aus Erfahrung, daß diese jungen Leute ideologisch verführt worden sind und bei der Musterung den Stempel, also die Tätowierung der Waffen-SS, ohne ihren eigenen Willen auf heimtükkische Weise beigebracht bekamen. Wir schreiben bei Herrn Köppe: ‚Fremdkörper am linken Oberarm entfernt.'"

So gab es für mich keinen Pfennig Kosten! Der wunderbare Name des Herrn sei gelobt!

In der Kurklinik

Vor einigen Jahren bekam ich eine Badekur bewilligt. Die Kuranstalt lag am Fuße des Schwarzwaldes. Etwa 250 Patienten wohnten dort in der Hoffnung auf eine Besserung ihres Gesundheitszustandes.

Mein Gebet war: „Lieber Heiland, schenke mir in diesen vier Wochen meines Aufenthaltes eine Seele, der ich von Dir erzählen kann."

Es war zur Osterzeit. Am Anschlagbrett der Klinik hing eines Tages eine Einladung eines Pfarrers zu einem Vortrag: „Ist die Auferstehung Jesu Christi heute noch zu glauben?" Ich entschloß mich, diesen Vortrag anzuhören. Von den 250 Gästen waren nur etwa 25 anwesend. Der Herr Pfarrer hätte Gelegenheit gehabt, diesen Leuten Jesus lieb zu machen; aber was ich da zu hören bekam, war ziemlich traurig und enttäuschend.

Ich wollte eigentlich aufstehen und hinausgehen; aber als er zum Schluß seiner Ausführungen kam, rief er zur Diskussion auf. Ich meldete mich zum

Wort und sagte unter anderem, daß ich solch negative Sachen über die Auferstehung Jesu Christi nicht einmal bei der Hitler-Jugend und bei der Waffen-SS noch bei den Kommunisten gehört hätte. Ich legte dann ein kurzes Zeugnis davon ab, was ich mit Jesus erlebt hatte. Der Herr Pfarrer meinte daraufhin:

„Wenn man Sie so hört, so könnte man denken, Sie wären eine Extrawurst!"

„Jawohl, das bin ich auch! Extra erlöst durch Jesus!"

Nun erhob sich eine Frau von ihrem Platz und bekannte gleich mir ihre wunderbare Errettung durch Jesus. Dann bezeugte auch ihr Ehegatte, ebenfalls ein ehemaliger SS-Mann:

„Es ist in keinem andern Heil, ist auch kein anderer Name unter dem Himmel den Menschen gegeben, darin sie können selig werden, als allein der Name Jesus!"

Ein anderer Herr jedoch unterstützte den Pastoren. Diesen Mann traf ich einige Tage später auf dem Spazierweg auf einer Bank. Da hieß es bei mir innerlich:

„Das ist er!"

Ich dachte: „Wer denn?"

„Ja, das ist die Seele, die du dir gewünscht hast, um von mir zu erzählen."

Welch eine Freude! Nun durfte ich diesem Menschen während fast vier Wochen von meinem wunderbaren Heiland berichten, was Er an mir getan hatte. Auch er war ein ehemaliger SS-Mann, gleichen Alters wie ich und hatte im Krieg eine schwere Kopfverletzung erlitten. Er war Katholik, aber ohne Jesus im Herzen.

Eines Tages kam er zu mir und erklärte, er wolle sich bekehren. Ich „alarmierte" einen Glaubensbruder. Dieser holte uns mit einem VW-Bus ab und brachte uns in ein christliches Ferienheim in Enzklösterle. Dort weilte gerade ein Evangelist in den Ferien. Dieser nahm sich meines Kur-Kameraden an. Durch Gottes Gnade übergab er sein Leben voll und ganz Jesus. Ich durfte dabei Zeuge sein, wie die Kraft Gottes einen Menschen verwandelte und auch von seiner okkulten Bindung befreite.

Heute ist dieser Bruder schon in der Herrlichkeit. Er ist an den Folgen seines schweren Kriegsleidens gestorben und darf nun Jesus Christus, Seinen Erlöser, von Angesicht zu Angesicht schauen. Jesus war Sieger, Jesus ist Sieger, und Jesus bleibt Sieger in alle Ewigkeit!

In Nürnberg

Nicht vergessen konnte ich meine ehemalige Garnisonsstadt Nürnberg. Hier war es, wo noch vor meinem Aufenthalt im Konzentrationslager Gott in Seiner vorlaufenden Gnade in mein Leben eingegriffen hatte. Es entbrannte in mir der sehnliche Wunsch, in dieser Stadt einmal ein Zeugnis für meinen geliebten Heiland ablegen zu dürfen. Und Gott hat mich auch hierin erhört.

So durfte ich in einer Gemeinde dieser Stadt den

Sieg Jesu rühmen und preisen. Welch herrliches Erlebnis, als Gottes Macht dort einen schwer okkult gebundenen Mann ergriff und dieser sich dann Jesus Christus übergab. Ja, auch da mußte des Teufels Großmacht vor der Allmacht Gottes sein Opfer lassen.

Lieber Leser, wenn auch du vielleicht noch unter der Herrschaft des Teufels stehst, so wisse, daß du Unrecht leidest; denn Jesus hat auch für dich den Weg zu Gott geöffnet. Auch für dich gilt der am Kreuz errungene Sieg über alle Höllenmächte! – Darum nimm deine Zuflucht bei Jesus, dem allmächtigen und unüberwindbaren Sieger!

Wenn diese Zeilen dazu dienen, daß hier oder dort Menschen zu Jesus finden und entmutigte oder laue Christen wieder entschieden und fröhlich auf dem schmalen Weg zum Leben weiterpilgern, so ist mein Wunsch erfüllt. Das schenke der Herr!

Helmut Köppe

Drei für die Endzeit wichtige Bücher von E. Trachsel-Pauli:

Das letzte Buch
Aktuelle Gedanken zum letzten Buch der Bibel, der Offenbarung Jesu Christi.
TELOS-Paperback Nr. 1235 272 Seiten

Geheimnisvolle Strichlein auf Warenpackungen! Stehen sie vielleicht in bezug zu Entwicklungen, die in der Offenbarung angekündigt sind? – Wenn das letzte Buch der Bibel jemals entscheidend aktuell ist, dann heute! Besonders die Entwicklungen im Nahen Osten zeigen eindrücklich, daß wir in der letzten Zeit, und zwar interessanterweise erneut in „biblischen Zeiten" leben. Die Offenbarung spricht genau in unsere Situation. Wir tun deshalb gut, wenn wir auf dieses prophetische Wort achten.

Wer in diesem neuen Buch ausschließlich liest, was fettgedruckt ist, wird mit dem vollständigen Text der vom Heiligen Geist inspirierten Offenbarung vertraut. Die dazwischen gegebenen Gedanken möchten bei der Betrachtung des biblischen Wortes eine Hilfe zum besseren Verständnis desselben bieten. – Jedermann wird hier angesprochen, ob er ein wiedergeborener Christ ist oder nicht, ob er die Gewißheit der Errettung hat oder nicht. Auch Leute, die dem echten Christsein gegenüber noch in Distanz stehen oder dasselbe sogar ablehnen, auch diese werden ganz direkt angesprochen.

Verführt oder bewahrt?
TVF-Taschenbuch Nr. 74 144 Seiten

Endzeitliche Verführungen werden immer mehr zu einer ernsten Bedrohung der Gläubigen. Mitten in der Gemeinde „arbeiten" sie, die aufgrund ihrer christlichen Aktivität sich oft sehr fromm gebenden Verführer. — Wenn wir in solchen Umständen nicht straucheln sollen, ist es nötig, daß wir die Gefahr als solche erkennen. — Mit einfachen Gedanken zum Judasbrief werden in diesem Buch einige Dinge aufgedeckt, um den Treuen der letzten Zeit Orientierung und Hilfe zu bringen.

Fernsehen, Politik und Christsein
TVF-Taschenbuch Nr. 75 116 Seiten

Ein Werbefachmann ruft: „Schafft das Fernsehen ab!" — Muß diese warnende Stimme wirklich beachtet werden? Eröffnen sich nicht im Gegenteil gerade durch das Fernsehen große Möglichkeiten für die Ausbreitung des Evangeliums? — Wahrscheinlich irren Sie, wenn Sie denken, Sie könnten die Fragen rund um das Fernsehen ignorieren. Es geht um mehr, als viele glauben. — Ebenso ist es nicht gleichgültig, wie stark Sie sich in der Politik engagieren.

Viele hoffen, sowohl mit dem Fernsehen als auch in der Politik der Sache des Herrn dienen zu können, doch fragt es sich, ob der Herr diesen Dienst überhaupt will!